AF195273

ISBN 978-3-7026-5789-5

6. Auflage 2022

© 2008 Verlag Jungbrunnen Wien
Alle Rechte vorbehalten – printed in Europe
Druck und Bindung: Finidr, Český Těšín

Wir legen Wert auf nachhaltige Produktion unserer Bücher und arbeiten lokal und umweltverträglich: Unsere Produkte werden nach höchsten Umweltstandards gedruckt und gebunden. Wir verwenden ausschließlich schadstofffreie Druckfarben und zertifizierte Papiere.

DANIELA RÖMER **SUSANNE WECHDORN**

DER KLEINE RITTER

Der kleine Ritter wohnt in einer großen Burg mit drei Türmen, zweihundertachtunddreißig Zinnen und sieben Burggespenstern.
Der kleine Ritter klettert auf die Türme, zählt die Zinnen und spielt nachts, wenn er nicht schlafen kann, mit den Burggespenstern Verstecken.
Der kleine Ritter soll reiten lernen. Aber er will nicht.
Er fürchtet sich vor den Pferden.
Wenn er ein Pferd sieht, klappern seine Zähne.
Wenn er eins wiehern hört, schlottern seine Knie.
Und wenn er ans Reiten denkt, dann zittert er so, dass seine Rüstung scheppert.

Für den kleinen Ritter ist das sehr lästig.
Alle naselang reitet jemand auf einem Pferd herum.
Sein Vater, der Ritter, auf einem weißen.
Seine Mutter, die Ritterin, auf einem schwarzen.
Sein Urururgroßvater, das Gespenst, auf einem Gespensterpferd.
Der kleine Ritter klappert und schlottert und scheppert
den ganzen Tag.

"So geht das nicht", sagt seine Mutter, die Ritterin.
"Fürchte dich meinetwegen vor Drachen oder Gespenstern.
Oder Wölfen. Oder Mäusen. Aber nicht vor Pferden.
Worauf willst du denn reiten?"
"Ich will gar nicht reiten", sagt der kleine Ritter.
"Ich gehe lieber zu Fuß."
"Ritter gehen nicht zu Fuß", sagt sein Vater.
"Ritter reiten. Sonst würden sie ja nicht Ritter heißen."

Der kleine Ritter beschließt, sich ein
anderes Reittier zu suchen.
Die Burgkatze ist ihm zu klein.
Die Burgkuh ist ihm zu groß.
Die Burgziege findet er genau richtig.
„Kann ich auf dir reiten?", fragt er höflich.
Die Ziege hat nichts dagegen.
Der kleine Ritter steigt auf und reitet
eine Runde durch den Burghof.
Sein Vater, der Ritter, ist unzufrieden.
Alle Ritter, die er kennt, reiten auf Pferden.
Aber er sagt nichts.

Von nun an sind der kleine Ritter und die Ziege jeden Tag unterwegs.

Einmal bleibt die Ziege bei einer Pferdekoppel stehen und grast.
Der kleine Ritter beschwert sich: „Kannst du nicht woanders grasen?"
„Schon", schmatzt die Ziege, „aber hier ist das Gras so zart."
„Ich kann aber die Pferde sehen", jammert der kleine Ritter
und klappert ein bisschen mit den Zähnen.
„Ach so", mampft die Ziege, „dann halt dir eben die Augen zu."

Der kleine Ritter hält sich die Augen zu. „Ich kann sie auch hören", stellt er fest und schlottert ein bisschen mit den Knien.
„Tatsächlich?", schmatzt die Ziege. „Wie machen sie denn?"
„Wieso, hörst du sie nicht?"
„Ich bin ein bisschen schwerhörig", behauptet die Ziege.
Der kleine Ritter wiehert und schnaubt der Ziege ins Ohr.
Die Ziege kichert.

„Pferde sind überhaupt komisch", sagt die Ziege,
„wenn sie es eilig haben, dann laufen sie ganz eigenartig.
Ungefähr so."
Die Ziege galoppiert neben der Pferdekoppel auf und ab.
Der kleine Ritter wird gründlich durchgebeutelt.
Seine Rüstung scheppert.
Der kleine Ritter wiehert vor Lachen.
Die Pferde haben sich inzwischen am Zaun versammelt.
Mit offenen Mäulern bestaunen sie die galoppierende Ziege
und den wiehernden Ritter.

Als der kleine Ritter die glotzenden Pferde sieht,
fällt er vor Lachen von der Ziege.
Da hebt die Ziege ein Hinterbein und meckert kläglich:
„Ich glaube, es ist verknackst."
Der kleine Ritter steht auf und rüttelt seine Rüstung zurecht.
„Soll ich dich nach Hause tragen?", fragt er.
„Ja, bitte", sagt die Ziege.
Der kleine Ritter lädt sich die Ziege auf die Schultern
und macht sich auf den Weg.
Weit kommt er nicht, denn die Ziege ist ihm zu schwer.

„So ein Pferd", überlegt der kleine Ritter, „wäre groß genug, um meine Ziege zu tragen."
Er sucht sich das aus, das am freundlichsten dreinschaut, klappert ein bisschen mit den Zähnen und fragt:
„Kannst du meine Ziege nach Hause tragen?"
„Pferde tragen keine Ziegen!", schnaubt das Pferd.
Der kleine Ritter schlottert ein bisschen mit den Knien.
Am liebsten würde er weglaufen.
Aber wie kommt dann die Ziege nach Hause?
Also bleibt er stehen, klappert kurz mit der Rüstung und sagt:
„Sie ist aber verletzt, und ich kann sie nicht tragen."
Das Pferd mustert die Ziege. Die Ziege stöhnt.
„Also gut, steig auf", sagt das Pferd.

Der kleine Ritter schiebt die Ziege aufs Pferd.
Das Pferd trabt los. Der kleine Ritter läuft hinterher.
„Hilfe!", schreit die Ziege. „Ich rutsche!"
Tatsächlich, die Ziege hängt schon ganz schief.
Der kleine Ritter muss sich zu ihr aufs Pferd setzen und sie festhalten.
Seine Zähne klappern zweimal kurz gegeneinander.
Seine Knie haben zum Schlottern keinen Platz,
weil das Pferd dazwischen ist.
Seine Rüstung scheppert
im Takt der Pferdeschritte:
klirrediklapp, klirrediklapp.

So kommen sie zu dritt in die Burg. „Schau", sagt die Ritterin zum Ritter. „Unser Sohn kommt auf einem Pferd nach Hause."
„Zusammen mit einer reitenden Ziege", sagt der Ritter.
Der kleine Ritter hilft der Ziege vom Pferd. Sie springt vergnügt in den Ziegenstall. Der kleine Ritter schaut ihr erstaunt nach.
„Sie ist doch verletzt", sagt er zur Ritterin. „Sie hat sich beim Galoppieren den Fuß verstaucht."
„Beim Galoppieren? Verrücktes Vieh", sagt der Rittervater. „Hat sie vielleicht auch gewiehert?"
„Nein, gewiehert hab nur ich", sagt der kleine Ritter.
Der Rittervater schüttelt den Kopf.
„Deine Ziege ist nicht verletzt", sagt die Ritterin. „Und verrückt ist sie auch nicht. Sie ist eine sehr gute Reitlehrerin. Vielleicht lernt dein Vater noch von ihr."
„Von einer galoppierenden Ziege?", murrt der Rittervater.

Doch abends, als alle schlafen, geht er leise in den Stall.
Er führt die Ziege in den Gemüsegarten
und lässt sie hinein zu den Salatköpfen,
dem Kohl und den jungen Erbsen.